(352e) Vente les 22 et 23 Décembre 1874

ESTAMPES

MODERNES

Lithographies, Vues de Paris, Costumes

GALERIE THÉATRALE

ALBUMS POUR ÉTRENNES

CARICATURES

De Cham, Daumier, Gavarni, Traviès, Vernier

Me DELBERGUE-CORMONT
COMMISSAIRE-PRISEUR

M. VIGNÈRES
MARCHAND D'ESTAMPES

PARIS — 1874

(352e)

CATALOGUE

ESTAMPES

MODERNES

LA PLUPART MANIÈRE NOIRE

Lithographies, Photographies, Caricatures, Vues de Paris
Costumes

GALERIE THÉATRALE

NOMBRE D'ALBUMS D'ÉTRENNES

Historiques, instructifs, amusants

ET CARICATURES DE

Cham, Daumier, Gavarni, Traviès, Vernier, etc.

DONT LA VENTE AURA LIEU

HOTEL DES COMMISSAIRES-PRISEURS

RUE DROUOT, 5, SALLE N° 4

Les Mardi 22 et Mercredi 23 Décembre 1874

A UNE HEURE PRÉCISE

Me **DELBERGUE-CORMONT**, Commissaire-Priseur,
rue de Provence, 8,
Assisté de **M. VIGNÈRES**, Marchand d'Estampes,
rue de la Monnaie, 21 (ancien 13), à l'entre-sol,

PARIS — 1874

CONDITIONS DE LA VENTE

L'ordre du Catalogue sera suivi.

Elle sera faite au comptant.

Les Acquéreurs paieront CINQ POUR CENT, en sus des enchères, applicables aux frais de vente.

M. VIGNÈRES, dirigeant la Vente, se charge des Commissions.

NOTA. Toute commission, sans prix fixé ou sans limite déterminée, sera regardée comme nulle.

M. VIGNÈRES se charge de faire marquer les prix aux Catalogues des ventes qu'il a faites. Les personnes qui le désirent peuvent s'adresser à lui *franco*.

Plusieurs Amateurs éloignés en ont reconnu l'utilité pour les guider dans leurs achats sur les valeurs des Estampes.

Les Catalogues des Ventes à faire seront envoyés aux personnes qui en feront la demande *affranchie*.

AVIS. — Nous prions MM. les Amateurs éloignés de ne pas attendre au dernier jour, pour que les lettres arrivent le matin de la Vente : ils comprendront que quelques lettres peuvent se lire, mais de 20 à 50 lettres, c'est difficile.

Choix de Catalogues avec prix marqués.

M. VIGNÈRES se charge des commissions dans les ventes de Livres et Estampes autres que les siennes.

Graz 1

CATALOGUE

ESTAMPES MODERNES

Caricatures, Vues

1 **Adam** (Victor). Trophées; les Saisons : Agriculture, Chasse, Pêche, Armes. 12 p. in-fol. sur ton. 3 . 50

2 **Allais.** Raphaël faisant le portrait de la princesse d'Aragon, d'ap. Pignerolle. Immense in-fol. manière noire. 4 . 50

3 — Paul Vérouèse reçoit la visite du doge Mocenigo et du Titien, d'ap. Hamman. Manière noire. Immense in-fol. 4 . 50

4 **Ansdell** (D'ap.). Lurcher and rabbit—Highland shooting pony. 2 p. in-fol. 1

5 — Examining the ground, Grouse, Deer disturbed, the Chase. 4 p. grand in-fol. 6 . 50

6 **Appiani** (D'ap.). Vénus et l'Amour, par Bisi. 2 épreuves grand in-fol. 0

7 **Architecture** moderne. Époque Louis XV, intérieurs et autres. 29 p. in-fol. 8

8 **Artistes** anciens et modernes, d'ap. Baron, Diaz, Guignet, C. Nanteuil, Roqueplan et autres. 88 p. 30

9 **Artistes** contemporains d'ap. Baron, Decamps, Diaz, Dupré, C. Nanteuil, Tournemine, etc. 53 p. 16

10 **Aubrun.** Vues d'Arcachon, le Casino, etc. 3 vues sur la même feuille: 11 épreuves.

11 **Bal** (J.). La Tentation, d'ap. Gallait. Grand in-fol.

12 **Bargue.** La Semaine impériale. 10 p. couleur.

13 **Bellangé.** Les Revenants de Sébastopol, les Zouaves pendant l'action, après l'action, et autres. 5 p. in-fol.

14 **Bellin.** The gentle warning. — The bashful and the Maiden coy. 2 manière noire, d'ap. Stone. Grand in-fol.

15 **Benoist** (Philippe). Vues d'Italie, Piémont, Lombardie, royaume de Naples, Sicile, États romains, Toscane, Modène, etc. 95 p. lithog. avec ton in-fol.

16 **Blanchard** (Aug.). Me Emile de Girardin. Portrait grand in-fol.

17 **Bodmer** et autres. Sujets d'animaux. 10 p. in-fol.

18 **Bonheur** (D'ap. Peyrol). Une famille de dindons. Lithog. in-fol. par S. Teissier. 10 épr.

19 **Calvi** (Paolo). Garibaldi 5—Victor-Emmanuel 1. En tout 6 portraits grandeur naturelle lithog. Immense in-fol.

20 **Caricatures** anciennes de G. de Cari. Musée grotesque et autres. 17 p. coloriées.

21 Caricatures diverses par Gavarni, Henri Monnier, Scheffer, Daumier et autres. 70 p.

22 **Caricatures.** Fariboles, Canotiers, Ces petites Dames, etc. 50 p. coloriées.

Joub. 3.

edon 5

ledon 5

23 — Au bal masqué, Croquis d'été, Parisiens, etc. 50 p. coloriées.

24 **Cassagne.** Le Rhin. 20 p. lithog. avec ton.

25 — Le Rhin, en couleur. 26 p.

26 **Cham.** Œuvres diverses. Actualités, plusieurs centaines, différentes caricatures coloriées. Seront divisées.

27 **Chapuy** (D'ap.). Vues de France. 50 p. in-fol.

28 **Chapuy,** etc. Vue intérieure de l'Exposition, Vue extérieure, Vue à vol d'oiseau, Lyon, Nice, Malte. 10 p. très-grand in-fol.

29 **Chromolithographie.** Bustes de jeunes filles représentant les Saisons. 4 p. sous passe-partout.

30 — Têtes d'enfants sous passe-partout. 2 p.

31 — Bustes de jeunes filles aux cerises et au serin. 2 p. sous passe-partout.

32 — Bustes de jeunes filles en divers costumes. 6 p. sous passe-partouts.

33 — Petits sujets d'enfants, Aujourd'hui, Jadis, etc. 11 p.

34 — Très-petits sujets d'enfants. 12 p.

35 **Compte-Calix** (D'ap.). Pauvre mère, Premiers soins, les Arts, Mariez-vous, Ne vous mariez pas. 6 p. grand in-fol. coloriées.

36 — Roses sauvages, Roses mousseuses, Abeilles et Frelon, le Voleur, le Volé, la Peinture, la Poésie, etc.

37 **Cornilliet.** Benvenuto Cellini à Fontainebleau, d'après Ed. Ender. Immense in-fol. manière noire.

38 — Mater dolorosa. — La très-sainte Vierge, par Garnier. 2 manière noire grand in-fol.

39 — Jeune virtuose — Die Kranzwinderin, par Schoninger. 2 manière noire grand in-fol.

40 **Costumes** militaires par Charlet, Lalaisse et autres, en noir et en couleur 74 p.

41 — Armée russe, modèles de boutons, collets, parements, etc., d'après le comte Pajol. 14 p.

42 Costumes militaires anciens et modernes, la plupart coloriés, par E. Lami et autres. 170 p.

43 **Cottin.** Fleur-de-Marie. — Après le bal, par Garnier. 2 manière noire, grand in-fol.

44 **Darjou.** Caricatures coloriées, Paris l'hiver, les Vacances, En chasse, l'École du patineur, Actualités, etc. 3 lots différents.

45 **Daumier.** Caricatures coloriées. Histoire ancienne. 36 p.

46 — Croquis à l'Exposition universelle, 1859, des animaux, au Salon, etc. 44 p. coloriées.

47 — Les Artistes, à la brasserie, aux courses, etc. 50 p.

48 — Monomanes, Locataires et Propriétaires, Plaisirs de la campagne, etc. 50 p. coloriées.

49 — Croquis d'Été, d'Automne, d'Hiver, Dramatiques, Parisiens, etc. 53 p. coloriées.

50 — Actualités. 58 p. coloriées.

51 **Decamps** (D'ap.). Sujets tirés des Artistes contemporains et autres. 19 p.

52 **De Dreux** (D'ap. Alfred). Leona, Promenade à cheval, etc. 4 p. dont 3 en couleur.

winski 2.

Lesueur 5

53 **Delacroix.** Pièces tirées des Artistes contemporains et autres. 8 p. par et d'après.

54 **Deroy.** Vues d'Espagne coloriées. 23 p.

55 — Vues de Suisse. 50 p. in-fol. sur ton.

56 **Désandré** (D'ap.). Qui aime bien châtie bien. — Bonjour, grand'maman, et autres. lithog. coloriées grand in-fol.

57 **Desclaux.** Les Pêcheurs, l'Improvisateur, d'après Léopold Robert. 2 p. petit in-fol.

58 **Desmadryl.** Prince et Princesse en pied. 2 p. très-grand in-fol., manière noire, avant la lettre.

59 — Le Lion amoureux, d'après Roqueplan. — Bons et mauvais conseils, par Chollet. 3 p. manière noire très-grand in-fol.

60 **Desmaisons.** Prière, Repos. 3 lithogr. grand in-fol.

61 **Desvachez.** Christ] d'ap. Van Dyck. — La Vierge aux cerises, d'ap. Van der Werf. 2 manière noire in-fol.

62 **Diaz** (D'ap.). La Fée aux joujoux, le Génie et les Grâces, les Présents de l'Amour. — Vénus pleurant l'Amour mort, Baigneuses. 8 p. in-fol.

63 **École italienne.** Saintes Familles, d'ap. Raphaël et autres. 5 p. in-fol. et au burin.

64 **Encyclopédie** des arts et des métiers, Ornements, modèles de lavis, etc., imprimés en chromo et rehaussés d'or. Plus de 460 p., dont des doubles.

65 **Etudes** élémentaires du lavis. 95 p.. des doubles.

66 — de dessin au lavis. 42 p., des doubles.

67 — Dessin mathématique pour tous. — Dessins à l'usage des chantiers, etc. 40 p.

68 **Fac-simile**. Bouquets de fleurs, Marine, Sujets, Paysages. 16 p. imitations d'aquarelles.

69 **Felon**. Souvenirs d'artistes, etc. 10 p.

70 **Ferogio**. Une année de voyage, etc. 10 p. in-fol.

71 **Forster**. Les trois Grâces, d'ap. Raphaël.

72 **Français**. Paysages lithographiés. 22 p.

73 **Gallait** (D'ap.). La Tentation, par J. Bal. Grand in-fol.

74 **Galerie dramatique**. Costumes de théâtre gravés, publiés par *Martinet*. Environ 1420 p. coloriées. Collection rare.

75 Galerie dramatique, 1844 à 1870. Lithog. par V. Dollet, Lacauchie. 1,000 costumes coloriés avec les tables des 10 vol. en feuilles.

76 **Garnier**. Vente d'esclaves d'ap. Devedeux. Manière noire grand in-fol.

77 — Maria Nicolaïewna; Ange qui encense, 2 manière noire grand in-fol.

78 — Amour maternel : le Sommeil, le Réveil. 2 manière noire grand in-fol.

79 — Une fille de l'air, Une fille d'Ève, Instruction morale. 3 manière noire grand in-fol.

80 — Clarisse Harlowe, le Printemps de l'amour, Première aumône. 3 manière noire grand in-fol.

Soub. 2.50

. Soub. 2.50
. Soub. 2.

. 120 Vav Criy 375
140 + 300

. 120

atKov

R. Soul, 10

Gwj 10. 5

R. Soul, 10

81 **Gavarni**. Pièces tirées des Artistes contemporains et autres. 6 p. 1.50

82 **Gavarni** (D'ap.). La Présentation, Souper à la Maison-d'Or, Bal de l'Opéra, Allons-y gaiement. 4 p. grand in fol. dont 3 coloriées. 6

83 **Girard**. Richelieu sur le Rhône remorquant les prisonniers Saint-Mars, etc., d'après P. Delaroche. Manière noire. immense in-fol. fr oilé 8.50

84 **Godefroy**. Bataille d'Austerlitz, d'ap. Gérard. Grand in-fol. Ancienne ép. 5

85 **Grenier**. Scènes villageoises, Études variées, Études et motifs. 24 p. coloriées. 5.50

86 **Guerard**. Physionomie de Paris. 12 p. in-fol. en couleur. 11.50

87 **Guilmard**. Le Garde-Meuble. 230 p. lithog. coloriées. 19

88 **Herring** (D'ap.). Summer, — Winter : 2 scènes de ferme. Très-grand in-fol. par Giller. 21

89 **Hilaire le Dru** (D'ap.). Adieux de Lesurques à sa famille. 4 ép. lithog. grand ~~in-fol.~~ tachées 1.50

90 **Holl**. Morning Evening, et autres. 4 p. 1

91 **Hubert**. Paysages et Principes, études. 42 p. 11

92 **Hunt** and son. Chevaux de course : Beadsman-Blair Athol, — Blink Bonny, — Caractacus, — Ellington, — The Huntsman, — Leamington, — Melbourne, — Skirmisher. 10 p. grand in-fol. en couleur ; pourra être divisé. 39

93 **Jazet**. Un Rêve de bonheur, d'après Papety ; — l'Age d'or, d'ap. Schopin. 2 immenses in-fol. Manière noire. 4.50

94 — Louis XV à Fontenoy, d'ap. H. Vernet, et l'Age d'or. 2 p. Manière noire. Immenses in-fol.

95 — La Victoire, — le Pillage, d'ap. Jules Rigo. 2 p. Très-grand in-fol. Manière noire.

96 — Les Serments, d'ap. Barrias; — la Vengeance, d'ap. H. Vernet. 2 p. très-grands in-fol. Manière noire.

97 — Moïse sauvé des eaux, — Moïse au pays de Madian, d'ap. Schopin. 2 manière noire. Très-gr. in-fol.

98 — Jésus enfant au milieu des docteurs, — Désespoir de Jacob, par Rollet. 2 manière noire. Très-grand in-fol.

99 — La Victoire, — Jésus enfant. 2 manière noire. Très-grand in fol.

100 — Sébastopol 5 et par Guérard, en tout 6 p.

101 **Jouannin**. L'Éducation du monde. Manière noire. Gr. in-fol., d'ap. Holfeld.

102 **Lafosse.** Garibaldi colorié, — Victor-Emmanuel. 2 p. lithog. grandeur naturelle.

103 **Lalaisse**. Sujets de chevaux et autres animaux. 26 p. in-fol.

104 **Lalaisse**. Campagne d'Italie, et par G. Doré, 15 p.

105 **Landseer** (D'ap). The Challenge. Grand in-fol. par Mottram. Manière noire.

106 — The Stag at bay, par Mottram. 6 épreuves. Petit in-fol.

107 **Laugier**. Sainte Mère, d'ap. Raphaël.

108 **Lecomte** (Hip.). Costumes de la monarchie française de 1230-1820. 237 p. coloriées.

οıKον.

109 **Lemoine**. Explanation of the Bible. 2 épreuves. Manière noire. Grand in-fol.

110 **Le Roux** (Eug.). Les Condottieri, d'ap. Guignet. 2 épreuves gr. in-fol.

111 **Leroux**. Atelier de Rembrandt, et autre d'ap. Decamps, par C. Nanteuil, Scène de Don Quichotte, Séduction, Perdition. 6 p. in-fol.

112 **Lièvre** (Edouard). Comédies de Molière représentées par des sujets d'enfants. 15 p. coloriées.

113 — Fantaisies militaires, amourettes. 16 sujets d'enfants coloriés.

114 — En Italie, scènes militaires représentées par des enfants. 16 p. coloriées.

115 **Lithographies** d'après Corot, Delacroix, Rousseau, Troyon. 16 p.

116 — Pièces tirées du Salon et autres. 24 p.

117 — Célébrités contemporaines et autres. 24 p.

118 — Artistes vivants et autres. 24 p.

119 — Souvenirs d'artistes et autres. 24 p.

120 — Vierges et sujets religieux d'ap. les grands maîtres. 26 p.

121 — La Musique, la Peinture, le Signalement, les Saltimbanques, etc. 10 p. in-fol.

122 — Les Pêcheurs, l'Improvisateur, d'ap. L. Robert; Orphelins, d'ap. Hamon ; Danses espagnoles, Déjeuner de village, etc. 10 p. in-fol.

123 — Animaux, Chasses, le Mendiant, Chats, Chiens, etc. 10 p. noir et couleur. In-fol.

124 — La Fête de ma mère, Roger et Angélique, Mort de Judas, l'Opéra, etc. 12 p. gr. in-fol.

125 **Lithographies.** Sujets religieux d'ap. Signol et autres : Vierges, Christ, Saintes familles, etc. 34 p. in-fol. noir et couleur.

126 — Ruse et défiance, un Discours qui séduit, un Cœur qui console, Jésus et les enfants, etc. 5 p. gr. in-fol.

127 — Le Départ, le Retour, Je boude, Domino, la Bonne pipe, le Sommeil. 10 p. in-fol.

128 — Album d'Uriage, Th. du Moncel, etc. 20 p. in-fol.

129 — Voyage dans la mer Noire, le Bosphore et les Dardanelles. 27 p. in-fol.

130 — Monuments d'Angleterre, d'Italie, etc. 20 p. in-fol.

131 — Monuments d'Allemagne, de Russie, d'Espagne. 22 p.

132 — Vues d'Amérique, Montevideo, Buenos-Ayres, etc. 17 p.

133 — Voyage aérien en France, Vues générales de Paris et autres villes de France. 26 p. in-fol.

134 — Excursion aérienne, l'Italie en ballon. 24 p. in-fol.

135 — Vues de Normandie par Chapuy et autres : Rouen, Caen, Coutances, Lisieux, etc. 17 p. in-fol.

136 — Sujets par Felon, Ferogio et autres. 30 p.

137 — Sujets divers d'après J. David, Diaz, Felon et autres. 45 p.

138 **Lithographies coloriées.** Les Bals de Paris, 6 sujets in-4 sur chaque feuille, 2 différentes. 25 épreuves.

139 — Sujets religieux, Vierges, etc., d'après les grands maîtres. 10 p. 5.50

140 — Saintes Familles, Christ, Vierges, etc. 18 p. 8

141 — Le Garde-Meuble, Siéges, Fauteuils, Armoires à glace, Meubles élégants, 232 p. 26

142 — Musée de mœurs en actions. 6 p. grand in-fol. coloriées. 5

143 — L'Opéra, les Vacances, Train de plaisir, la Journée des canotiers. 6 p. gr. in-fol. 4

144 — Le Retour, Te Deum, le Dimanche matin, etc. 7 p. grand in-fol. 5.50

145 — La Guerre de l'amour, Indiscrétion, Eva, Seule au monde, le Loto, etc. 8 p. grand in-fol. 4

146 — Le Rêve du chien, le Grand serpent de mer, Chevaux, etc. 8 p. grand in-fol. 5

147 — Nature morte, Trophées, etc. 6 p. gr. in-fol. 7.50

148 — Études de nature morte, Souvenirs de chasse. 7 p. gr. in-fol. 6.50

149 — Souvenirs du chasseur : Groupes de nature morte. 8 p. in-fol. 6.50

150 — Trop d'amitié nuit, le Boudoir, la Bonne moumoutte, etc. Sujets de chats et chiens. 6 p. 7

151 — Musée pour rire. 10 p. grand in-fol. 5

152 — Musée de mœurs en actions, Physionomie de Paris. 10 p. gr. in-fol. 6.50

153 — Scènes de chasse par Victor Adam, Grenier, etc. 14 p. grand in-fol. 9

154 — Les Ports français et autres vues maritimes, 25 p. grand in-fol. en couleur. 6.50

155 — Costumes militaires et autres. 5 p. grand in-fol. 3.50

156 **Lithographies coloriées**. Les Touristes, Galerie comique, Comme l'on fait son droit à Paris. 10 p. grand in-fol.

157 — Sœur de charité, Lettre de France, Lettre d'Orient, les Revenants de Sébastopol, etc. 10 p. in-fol.

158 — Dame de pique et dame de cœur, Jugement de Pâris, Diane et Actéon, Cache-cache, la Fuite et autres. 10 p. grand in-fol.

159 — Le premier pas, Embrasse petite sœur, Par un temps de neige. Donnez aux pauvres et autres. 10 p. in-fol.

160 — L'Amour! qué qu'cest qu'ca, ? l'Amour, v'la c'que c'est! les Belles de jour, Amour matinal et autres. 10 p. in-fol.

161 — Les quatre Gouttes, la Reconnaissance, la Servante de Madame et autres. 10 p. in-fol.

162 — Les Lionnes, Lequel choisir? Laquelle prendre? Fleurette et autres.

163 — Un Baiser vaut un soufflet, Une Chanson vaut un baiser, Flore, Pomone et autres,

164 — Les Femmes cosmopolites, Sylphide, les Abricots de Jeannette, Giralda et autres. 8 p. in-fol.

165 — Dieu et le Roi, Monseigneur, Mademoiselle, Fidélité, Défense inutile, Témérité punie, Famille de saltimbanques, etc. 10 p. In-fol.

166 — L'Étoile du matin, L'Astre du soir, Rose matinale, Fleur mystérieuse, Six Femmes en pied en jolis costumes. In-fol.

167 — L'Étranger à Paris, Le Guide de l'étranger, et deux autres Lorettes. 4 p. in-fol.

168 — Pas pour un empire, A qui penses-tu? S'il pouvait venir! Pour les pauvres, etc. 6 jolies jeunes filles en pied, petit in-fol. 3.50

169 — Les Bals de Paris, Paris au bal. 20 p. petit in-fol. 10

170 — Les mille et un Sujets. 25 feuilles à plusieurs sujets. 7

171 — Expédition d'Italie, Massacre de Cawnpore, etc. 23 p. 2.50

172 — Les Bambins, par J. David, Enfantillages, d'ap. Beaumont. 15 sujets d'enfants. 4.50

173 — Les Bords du Rhin. 59 p. 12

174 — Loisirs Pigal, Tohu-Bohu plaisant. 20 p. in-fol. 4

175 — Vues de Paris, Exposition et autres. 32 p. 5

176 — Vues de France, Marines, etc. 23 p. 3

177 — Les Nations au bain, les Sirènes, les Lionnes de Paris. 10 p. In-fol. 4.50

178 — Béranger illustré, Péchés mignons et autres. 20 p. 5.50

179 — La Jeunesse, la Jeunesse dorée, Proverbes. 20 p. 4

180 — Scènes d'enfants, Scènes maternelles. 20 p. 5.50

181 — Galerie Omnibus, Les Fêtes de Paris. 10 p. 4

182 — Soirées parisiennes, Tableaux de Paris. 14 p. 6.50

183 — Musée Omnibus, Musée chrétien, Musée de l'Amateur, Galerie pittoresque, etc. 20 p. 4.50

184 — Souvenir de Bretagne, Vélocipèdes, etc. 17 p. 2

185 — Les bonnes Mères, Scènes d'enfants. 19 p. 3.50

186 — L'École de dessin, Principes, Perspective pour paysages à l'aquarelle, etc., par Hubert et autres. 143 p.

187 **Lurat.** L'Enfant Jésus, Saint Jean et autre. 3 p. manière noire.

188 **Maile.** Charlotte Corday, manière noire, grand in-fol.

189 **Manière noire.** Le Réveil, le Premier Ami, les Colombes, etc. 4 p. in-fol.

190 — Sacrés cœurs de Jésus, de Marie, etc. 4 p. in-fol.

191 — La Chute des feuilles, la Vierge aux cerises et autres. 3 p. grand in-fol.

192 — Oltenitza, la Première Cause et autres. 4 p. grand in-fol.

193 **Manigaud.** Adam et Ève, d'ap. Lazerges. 2 ép., manière noire, très-grand in-fol.

194 — Avant et après la Confession. 2 manières noires, in-fol.

195 **Martinet** (Achille). Marie dans le désert. In-fol., d'ap. de La Roche, ép. sur chine.

196 **Massard** (L.). La Vierge aux Anges, d'ap. Murillo, la Vierge de la maison d'Albe, par Metzmacher. 2 p.

197 **Mauduison.** Vierge de Bridgewater. — Vierge au rosaire, d'ap. Murillo, par Lecouturier. 2 p. in-4.

198 **Meissonier** (D'ap.). Le Sergent recruteur, par Hédouin et autres. 3 p.

199 **Mercereau.** La France de nos jours, Vues des Pyrénées, Biarritz, etc. 50 p. coloriées.

Sauls 10.

R. Soul.

R. Soul.

200 **Mes** et autres. Notre-Dame-des-Champs, l'Ami des malheureux, le Père des orphelins, le Vœu, l'Action de grâce et autres. 8 p. grand in-fol. coloriées.

201 **Morlon.** Guide de l'Étranger, l'Étranger à Paris. 2 lithog. coloriées in-fol.

202 — Le Médecin de campage. 20 épreuves.

203 **Mote.** The forget me not et autres. 2 p.

204 **Mouilleron.** Mort de Granet, Mort de Léonard de Vinci, Bohémiens, l'Archet brisé. 6 p. in-fol.

205 **Numa.** Costumes français du ve au xive siècle. 125 lithog. coloriées.

206 **Ornements**, par Collette et autres. 45 p.

207 **Outhwaite.** The Ocean monarch, in-fol., d'ap. Morel Fatio.

208 **Paysages**, par Calame, Jaccotet, Victor Petit les Châlets; Thenot perspective. 25 p.

209 **Pelcoq** (Jules). Caricatures coloriées, Actualités, Croquis parisiens. 52 p.

210 **Petit** (Victor). Châteaux de France. 72 p.

211 **Photographies** Bingham. Choix de sujets, d'ap. les peintres modernes. 14 p. Pourra être divisé.

212 — Sujets gracieux, historiques et autres. Choix, d'ap. les célébrités modernes. 30 p., publication Goupil. Sera divisé.

213 — D'ap. Decamps, Singes boulangers, Charcutiers et autres, d'ap. les anciens maîtres. 11 p.

214 — Napoléon III et sa famille. 25 p.

215 — Célèbres Chevaux de course. 20 p.

216 — Bouquets de fleurs. 18 p.

217 **Photographies.** Vues de Paris, Monuments. 9 p.

218 — Ravel, Les Willis, Luther traduisant la Bible, la Garde de nuit et autres. 17 p.

219 — Ruines de Strasbourg après le siége de 1870. 12 p.

220 — Ruines de Paris par la Commune. 16 p., dont les Tuileries, l'Hôtel-de-Ville, etc.

221 — Portraits de Sauveteurs; Jules Simon, Tableau de Boilly et autres, Statue, etc. 30 p.

222 — Bals de Paris, Photographies du Monde artiste, etc. 15 p.

223 — Égypte et Nubie, par Maxime Ducamp. 102 Monuments.

224 **Pichard.** Paul et Virginie, 3 scènes différentes, petit in-fol., manière noire.

225 **Pièces historiques.** Batailles de l'Alma, d'Inkermann. — Prise de Sébastopol. — Bataille de Solférino. 4 lithog. très-grand in-fol.

226 — Batailles de l'Alma, Inkermann, Malakoff, Sébastopol, etc. 10 p., grand in-fol.

227 — De Profundis, Alma, Magenta, Congrès de Paris, etc. Coloriés. 6 p. grand in-fol.

228 — Conseil de guerre, Congrès de Paris, Signature de la paix, la Reine d'Angleterre à l'Opéra, les Défenseurs du droit souverain et diplomates. 18 p., grand in-fol.

229 **Plassan** (D'ap.). Jeune Fille et autre, d'ap. Chaplin. 2 p.

230 **Portraits.** La reine Victoria, le prince Albert, et autres coloriés. 9 p. in-fol.

vinski 4.

vnik 5

vinski 3

ovinski 9

231 — Napoléon Ier, Jérôme, son fils, Napoléon III, Eugénie, Famille impériale, etc. 18 p. in-fol.

232 **Portraits.** Les Maréchaux Mac-Mahon, Pélissier, Randon ; les Généraux Bourbaki, Martimprey, Mellinet, Trochu, etc. 40 p.

233 — Généraux français et étrangers, etc. 40 p.

234 — Célébrités politiques : Comte Walewski, Clarendon, Orloff, Palmerston, généraux, etc. 39 p.

235 — Victor-Emmanuel. 4 différents, Garibaldi, Empereur François-Joseph, Généraux français et étrangers. 39 p.

236 — La princesse Béatrice d'Angleterre, en pied. — Le prince de Wales, 1863. — La princesse Alexandra. — Le duc et la duchesse de Brabant. 5 p. Très-grand in-fol. lithog.

237 — Portraits de la famille du grand-duc Léopold de Bade, Guillaume, Élisabeth, Frédéric, Sophie, Cécile, Marie. 7 lithog. et 3 manière noire in-fol. 10 p.

238 **Portraits** de Napoléon Ier, par Longhi. 2. — Palladio, Serlio, Vignole, Vitruve, etc. 7 p.

239 — De Napoléon III, son fils, Eugénie et famille impériale, du petit in-fol. au grand in-fol., gravés et lithog. 57 p. Sera divisé.

240 — Des mêmes portraits coloriés. 32 p.

241 — Portraits de Clausel de Montals, évêque de Chartres, Coquerel, Sibour, archevêque de Paris, Changarnier, Guizot, reine d'Espagne, duc d'Orléans, Garibaldi dans son lit malade, etc. In-fol. et grand in-fol. 60 p. Sera divisé.

242 **Prud'hon** (D'ap.). Zéphir, Joseph et la femme de Putiphar, fac-simile, etc. 8 p.

243 **Rados**. La Cène. — Jésus lavant les pieds. — La Madeleine essuyant les pieds de Jésus. — La Femme adultère. 4 p. Très-grand in-fol.

244 **Raffet**. Voyage dans la Russie méridionale, 10 titres, Vues et portraits, Titre du Siége de Rome. 54 p. in-fol.

245 **Roberti**, 1859. Portrait de Mme Borghi-Mamo. In-fol. 10 lithog.

246 **Rollet**. Louis XI demandant la vie à François de Paul, d'ap. Gosse. Immense in-fol. Manière noire.

247 **Rouargue** et Gaildrau. Grande Vue générale du Palais de l'Exposition. 14 épreuves. Très-grand in-fol.

248 **Ryall**. Dévotion, d'ap. E. P. Frère. Grand in-fol.

249 **Sabatier** et autres. Vues de Suisse, Souvenir des Pyrénées, le Vengeur, etc. 20 lithog. Très-grand in-fol.

250 **Scheffer** (D'ap.). L'Invasion? par Girard, avant la lettre. — Le Larmoyeur. 2 p. in-fol.

251 **Schopin** (D'ap.). Désespoir de Jacob, par Rollet. — Toilette de Judith, par Jazet. 2. Manière noire. Très-grand in-fol.

252 **Schultz**. The Piper of the 72e higlanders. 8 épreuves sur chine. Petit in-fol.

253 **Simmons**. The Duet : Famille écoutant deux jeunes filles jouant du piano, d'ap. Stone. 2 épreuves. Très-grand in-fol.

Doska

254 **Sirouy.** Surprise. — A litter of pupps. 2 sujets de petits chiens, lithog. Grand in-fol. en couleur, d'ap. Th. Earl.

255 — Kakatoès. In-fol. 7 épreuves, dont une en couleur.

256 — Adversité, 8 épreuves, et Pauvre Mère, 9 p.

257 **Sixdeniers.** Catherine II. — Nicolas Ier. — Alex. Nicolaïevitch, en pied. — Ancien Russe, en buste. 4 p. Manière noire. Très-grand in-fol.

258 **Soumy.** Sainte Véronique et Simon le Cyrénéen. In-fol., d'ap. Le Sueur.

259 **Sujets religieux.** Christ, d'ap. Van Dyck, saint Jean Évangéliste, Béatitude. 3 p. in-fol. au burin.

260 — Tableaux scientifiques des monnaies, des poids et mesures, des hauteurs des principaux monuments et autres. 27 p. 2 lots.

261 **Traviès.** Perdrix rouges, grises et autres. 6 p. in-fol. en couleur.

262 **Tripon.** Études élémentaires de lavis. 80 p.

263 — Encyclopédie des arts et métiers. 78 p.

264 — De la même suite. 67 p.

265 **Vernier.** Souvenirs du Carnaval. 9 p. coloriées, petit in-fol.

266 — Caricatures, Modes nouvelles, Pour rire, Crinolinomanie, etc. 40 p. coloriées.

267 — Rigolbochomanie, En vacances, etc. 47 p. coloriées.

268 — Nos Troupiers en Orient. 52 p. coloriées.

269 — Actualités. 84 p. coloriées.

270 **Vidal** (D'ap.). La Curieuse, par Posselwhite.

271 **Vues** de l'intérieur de l'Exposition universelle de Londres et de Paris, Vues extérieures. 8 en couleur et 4 en noir, 12 p. Grand in-fol.

272 — Panorama de la Seine, et Vues générales de Paris et de Versailles, 7 différentes. 15 p. grand in-fol.

273 — Vues générales de Paris, Paris nouveau. 15 p. grand in-fol. Environs de Paris, plusieurs vues à la feuille, la plupart coloriées.

274 — Vue de l'Exposition internationale, 1862, gravée par Wilmore, autre lithog. par Hanhart, Palais de l'Industrie, à Paris. 4 p. in-fol.

275 — La France de nos jours, lithog. par divers, Vues d'Arles, Avignon, Lyon, Nîmes, Ports de mer de Boulogne, Calais, Toulon, etc. 79 p. coloriées, pourra être divisé.

276 — Vue générale de l'intérieur de l'Exposition universelle, et vue à vol d'oiseau. 2 p. Grand in-fol. lithog. 11 épreuves, dont une coloriée.

277 — Vues de Paris, par Arnout, et d'ap. Chapuy. 20 p.

278 — Vues des Bains et Cascades des Pyrénées, lithog. par Aubrun et Cassagne. 30 p.

279 **Vues** de Suisse, gravées par Salathé et autres, coloriées. 34 p.

280 — De Suisse, lithographiées par Deroy, Muller, etc. Plus de 180 p. coloriées, formeront plusieurs lots.

281 — De Suisse, lithog. par Deroy, Vues panoramiques, costumes et autres à 2, 3 et 4 vues à la feuille. 75 p. coloriées, 20

282 — Saint-Marc à Venise, Dôme de Milan, Arc de la Paix, Chartreuse de Paris. 4 p. Grand in-fol. Manière noire. 2

283 — Vues d'Italie, Turin, Rome, Naples et autres. 33 p. lithog. In-fol., avec ton. 2

284 — Panorama du Bosphore. 8 p. grand in-fol. sur ton. 1

285 — Vues de Suisse. 6 p. grand in-fol. coloriées. 2 . 50

286 — D'Amérique. 15 p. grand in-fol. 2

287 — De Russie, Londres, Rome et autres. 18 p. grand in-fol. 2 . 50

288 — Vues panoramiques de Milan et autres vues d'Italie, imitations de gouaches italiennes, Éruption du Vésuve, gouache, etc. 10 p. grand in-fol. 8 . 50

289 — Vues anglaises, Exhibitions, Églises, Ponts et Monuments de Londres. 22 p. 1

290 — Vues d'Italie, par Deroy et autres. 27 p. 1 . 50

291 — Vues et Costumes de Suisse, Bords du Rhin, noir et couleur. 23 p. 2

292 **Wildiers.** La Corbeille de la châtelaine. Grand in-fol., d'ap. Wittkamp. 1 / 1 . 50

293 **Yvon** (D'ap.). Bataille de Solférino, superbe lithog. Immense in-fol., par Soulange Teissier. 2 . 50

294 **Cartes.** Plans de Paris, illustré ; arbre historique de la France, Milan, Italie. 18 p. 3

7 p. [illegible] 3

ALBUMS D'ÉTRENNES

HISTORIQUES, INSTRUCTIFS, AMUSANTS ET CARICATURES

295 — Album de batailles, de 1792 à 1837. 27 pièces gravées, vol. couvert en toile, fers dorés sur les plats.

296 — The Art journal. 1er vol. 1855, orné de 36 pl. sur acier et d'un grand nombre de bois dans le texte, suivi de l'Exhibition of art-industry in Paris, fort vol. couvert en toile rouge, tranche dorée.

297 — The World's Metropolis or Mighty London illustrated, second serie. Beau vol. couvert en toile, fers et tranches dorés.

298 -- Les Topazes, Légendes, Contes et Poésies, par le bibliophile Jacob. Gravures anglaises, texte français. Beau vol. couvert en toile, fers et tranches dorés.

299 — Les Lianes, Album mosaïque. Gravures anglaises, texte français. Beau vol. couvert en toile, fers et tranches dorés.

300 — Album cynégétique. Récits de chasse illustrés par Pauquet frères. 8 p. sur acier, fleurons dans le texte, couvert en toile.

301 Album du salon de 1842, avec texte, par Tenint. Vol. demi-rel. fers dorés (Challamel).

302 Album du salon de 1844, avec texte. Vol. demi-rel. fers dorés (Challamel).

..don 3

..don 3

303 Album du coloriste. 10 lithog. couleur et 10 en noir. 20 p.

304 Paysages gradués. 12 lithog. coloriées. Vol. couvert en toile, fers dorés.

305 Cours élémentaire de perspective, par Mlle Lina Jaunez.

306 Cours méthodique de dessin linéaire et de géométrie usuelle, par Lamotte. 2e partie, planches.

307 Dessin linéaire industriel. Vol. petit in-fol. 40 p.

308 Histoire ancienne. — Chevaux et cavaliers de tous genres, par V. Adam. — Grand alphabet militaire colorié. 3 vol.

309 Histoire de l'Ancien et Nouveau Testament. Album par Victor Adam, et texte. — Le Trésor religieux, d'après les tableaux des grands maîtres. Texte tiré des livres saints. 2 vol.

310 Histoire de tous les temps, 6 p. coloriées. — Le Bonhomme récit. 12 p. coloriées et texte. 2 vol. Couvertures coloriées rehaussées d'or.

311 Rois et reines de France. Colorié. — Histoire de France. 2 albums.

312 La Monarchie française en estampes, et texte. Album couvert en toile.

313 Rois et reines de France. 24 p. et texte. Album par Lacauchie.

314 Faits remarquables de l'histoire de France. 12 p. coloriées et texte. Album.

315 Histoire de France en tableaux. 12 feuilles contenant 108 sujets coloriés, et texte. Album couvert en toile.

316 Le Jardin des plantes en estampes, par V. Adam et texte par J. Rostaing. Album de 25 p.

317 Galerie militaire de tous les peuples. 120 p. coloriées en 4 vol. demi-rel. et coins. (Coll. Dero Becker.)

318 Paris moderne et ses environs. 40 p. lithog. petit in-fol. Album couvert en toile, tranche dorée.

319 Paris moderne et ses environs. 61 p. sur ton. Album petit in-fol. couvert en toile, tranche dorée.

320 Guerre d'Italie en 1859, par V. Paulin. Illustré de 265 bois dans et hors texte. 2e édition, vol. petit in-fol. couvert en toile, fers et tranche dorés.

321 Tableaux de la Turquie et de la Russie, par MM. Joubert et Mornand. Illustré de bois dans le texte. Vol. couvert en toile, tranche dorée.

322 Album Bijou. Le Musée des dames, par Compte-Calix. 12 p. coloriées et texte petit in-fol. Vol. couvert en toile, fers dorés.

323 L'Oncle Gigogne. — Djarnah ou la Fille du désert. — M. de Similor en Californie. 3 vol. avec couvertures coloriées.

324 Les bons Exemples. 5 lithog. couleur et texte. — Les Vacances, album des petits amateurs. 17 p. coloriées.

325 La pieuse Comtesse, par Victor Adam. — Le jeune Touriste en France. 2 vol. avec couvertures coloriées.

Daskow

326 Sujets gracieux, par Jules Champagne et Amédée Charpentier. 12 p. Album couvert en toile.

327 Le Conteur. Album des familles.—Les Conteurs en famille. 2 vol. avec sujets coloriés sur les plats.

328 La Veillée de Noël. 12 lithog. coloriées et texte. Vol. couvert en toile, fers dorés.

329 La Main de Dieu. 11 lithog. coloriées et texte.

330 Les bons Exemples, récits nouveaux. 10 lithog. coloriées et texte.

331 Train de plaisir dans les cinq parties du monde. 12 lithog. par Lacauchie et texte. Vol. couvert en toile, fers et tranche dorés.

332 Le Guide du fabricant de meubles, album sur l'ébénisterie, colorié. — Autre différent en noir. 2 albums.

333 Album satyrique par les artistes du Charivari. 25 p. coloriées. Cahier.

334 Album de lithographies par les artistes du Charivari. 24 p. Cahier 1848 à 1850.

335 Album de caricatures : Vernier, Daumier, Geniole, Pruche et autres. 25 p.

336 Album de caricatures, par Daumier, Vernier, Bourdet, Traviès, Provost, Platier, etc. 40 p.

337 Chargeons les Russes, par Cham et Daumier. 40 p.

338 Ces bons Autrichiens, par Daumier et Vernier. Album de 18 p.

339 Paris qui boit, Croquis du jour, etc., par Daumier et autres. 20 p. Cahier.

340 Fantasias, par Cham, Darjou et Pelcocq. 1860-1861. 31 p.

341 Actualités, par Daumier, Pruche, Plattel, Traviès, etc. 99 p. Vol. demi-rel.

342 Actualités, 1848 à 1850, par Daumier et Vernier. 75 p. rares. Vol. demi-rel. veau vert.

343 Actualités, 1848 à 1850, par Vernier et Cham. 49 p. rares. Vol. demi-rel. veau vert.

344 Souvenirs de carnaval, les Bals de Paris. 19 p. coloriées.

345 Le mois de Mars charivarique : Daumier, Cham, Vernier et Beaumont. Cahier. 27 p.

346 Prophéties charivariques, par Quillenbois. 21 p. coloriées.

347 Le Quartier latin, Actualités, Bal masqué, Du jour au lendemain, etc. 25 p. coloriées. Cahier.

348 Caricatures, par divers artistes, Cham et Daumier. Actualités, Boursicotières, Exposition universelle, etc. 20 p. coloriées.

349 Daumier, Cham et Damourette, Locataires et propriétaires, Croquis d'été, d'hiver, Actualités, Penseurs, etc. 30 p. coloriées.

350 Daumier, Cham et autres. Les Chemins de fer, Croquis aquatiques, les bons Bourgeois, Fariboles, etc. 30 p. coloriées.

351 Caricatures diverses, par Vernier, Cham, Daumier et autres, Les agaçants et les agacés, etc. 38 p. coloriées.

352 **Adam** (Albert). Tribulations parisiennes et campagnardes. 16 p. coloriées.

Hedon 3

Hedon 3

Leeming 6

353 **Adam** (Victor). Histoire de France en tableaux. 108 sujets coloriés sur 12 feuilles, et texte. Album couvert en toile.

354 — Passe-temps. 170 p. en 2 vol. dos toile. Suite rare.

355 — Études d'animaux dans le paysage. — Le petit Naturaliste — et Album de modes. 3 albums.

356 **Baric**. Animaliana. 20 p. noir.

357 — La même suite. 20 p. coloriées.

358 — La prise de Troyes, par Baric et Humbert. 19 p.

359 — Histoire de Martin Landor ou la Musique des enfants. 16 p. coloriées.

360 — Où diable l'esprit va-t-il se nicher! 19 p.

361 **Bastin**. Galerie militaire, 1856. Costumes. 20 p. coloriées. Album.

362 **Beaumont** (Ed. de). Nos jolies Parisiennes. 30 p. coloriées.

363 — Au bal masqué. 31 p.

364 **Boilvin**. Malbrouch s'en va-t-en guerre. 17 lithog. fantastiques.

365 **Bordier** et **Charton**. Histoire de France d'après les monuments, en 2 vol. couverts en toile.

366 **Cham**. Souvenirs d'Ostende. 10 p.

367 — Pincez-moi à la campagne. 21 p.

368 — Le même. 21 p. coloriées.

369 — Œuvres choisies : les tâtonnements de Jean Bidoux. — L'Art de réussir dans le monde. — M. Papillon. 61 p. Couvert en toile.

370 **Cham.** A la guerre comme à la guerre. Album de 30 p. rares, coloriées.

371 — En Italie. 28 p. coloriées.

372 — Les Zouaves. 31 p. Vol. couvert en toile.

373 — Souvenirs charivariques de Spa. 15 p. coloriées.

374 — Turlupinades, Contrariétés et autres amusements négatifs. 15 p. coloriées.

375 — Fantasias et actualités. 28 p. coloriées,

376 — Les Aventures de M. Beaucoq, ex-rosier de la commune de Nanterre, 19 p.

377 — Les Bains d'Ostende. 12 p.

378 — L'Art de réussir dans le monde; procédé pour se faire jeter à la porte. 21 p. coloriées.

379 — L'Art d'engraisser et de maigrir à volonté. 21 p.

380 — Les tâtonnements de Jean Bidoux. 19 p. coloriées.

381 — Impressions de voyage. — Contes de fées. — Pénélope et M. Grenouillet, par Labrichon. 4 albums.

382 — Pendant la canicule. — Baigneurs et Buveurs d'eau. — Cours de physique. — Les Collégiens en vacances. Vol. couvert en toile, tranche dorée, suites rares.

383 **Champagne**, d'ap. Montaut. Soirées parisiennes. 12 p. coloriées. Album petit in-fol. couvert en toile, fers et tranche dorés.

384 **Coignet.** Cours complet de paysage. 36 p. sur teinte. Vol. in-fol. couvert en toile, fers dorés.

385 **Collette.** Les Prouesses de maître renard. 43 pl., d'ap. le texte de Gœthe.

386 — Album de chasse pour l'année. 24 p., petit in-fol. couvert en toile.

387 **Comba.** Coqueau et Coquette, album comique. 19 p.

388 **Compte Calix.** Album Bijou. 12 p. coloriées et texte. Vol. couvert en toile verte, fers dorés.

389 **Coppin.** La Bible en images. 20 p. Album.

390 **Damourette.** Penseurs et Propos. 12 p. Vol. couvert en toile, fers dorés.

391 **Daumier.** Mœurs conjugales, 1re série. 30 p.

392 — Mœurs conjugales, 2e série. 30 p.

393 — Actualités, Idylles parlementaires. 51 p. rares. Vol. dem.-rel, veau vert.

394 — Représentans représentés. — Physionomie de l'Assemblée. — Actualités. 53 p. rares. Vol. dem.-rel. veau vert.

395 **Désandré** (D'ap.). Les bonnes Mères, Album moral. 12 p. coloriées. Vol. couvert en toile, fers dorés.

396 **Doré** (Gustave). La Ménagère parisienne, album de 24 p.

397 — Les différents Publics de Paris, album de 20 p.

398 — Batailles de la guerre d'Italie. 10 p. coloriées et une en noir. 11 p., album petit in-fol.

399 **Gavarni.** Les Étudiants de Paris. 60 p. coloriées.

400 — Le Carnaval à Paris. 40 p. coloriées.

401 — Les Débardeurs. 54 p. coloriées en feuilles.

402 **Gavarni.** Les Lorettes, 1re série. 20 p. cahier.

403 — Les Lorettes, 2e série, 20 p.

404 — Les Lorettes. 32 p. cahier.

405 — Les Enfants terribles. 35 p. en feuilles.

406 — Fourberies de femmes, 2e série. 36 p. en feuilles.

407 — Clichy 14. — La Vie de jeune homme. 20 en tout. 34 p. en feuilles.

408 — Paris le soir, le matin, Souvenirs de carnaval, les Bals masqués etc,. 40 p. en feuilles.

409 — Enfants terribles 13, Actrices, Lorettes etc. 30 p. en feuilles.

410 — Leçons et conseils, Politique des femmes et autres. 38 p. en feuilles.

411 — La Correctionelle. 88 p. en feuilles.

412 — Impressions de ménage, œuvres nouvelles, 2e série. 30 p.

413 — Œuvres nouvelles, les Lorettes vieillies. 10 p. — Les Parents terribles. 18 p. 2 cahiers en tout 20 p.

414 — Les Coulisses. 30 ép. de journal.

415 — Les Lorettes. 75 p. ép. de journal.

416 — (D'après). Travestissements gravés, par Portier. 12 p. coloriées en feuilles.

417 **Geniole.** Les Femmes de Paris. 30 p. vol. dem.-rel.

418 **Gill.** Album de la lune, Portraits charges de célébrités. 20 p. coloriées. Vol. petit in-fol.

419 **Girin.** Le Secret de Polichinelle, album. 19 p.

420 **Grevin.** La Monorganorama, fantaisies burlesques. 20 p.

edon 3

421 **Guilmard.** Album pittoresque des jardins, colorié. — Album des ornements d'appartements. 2 albums.

422 **Guillon.** Méthode de l'architecte en voiture. Album.

423 **Humbert.** Aventures de Taquinet le bossu. 19 p.

424 **Lalaisse.** L'Armée et la Garde impériale. 30 p. coloriées. Vol. couvert en toile, fers et tranche dorés.

425 **Laurent de l'Ardèche.** Histoire de Napoléon, nombre de fig. sur bois dans le texte, beau vol. grand in-8 dem.-rel., chagrin vert, filet sur les plats en toile.

426 **Lefils.** Comment on étudie la médecine à Paris, histoire de Fiascaud, etc. 21 p.

427 **Lièvre** (Edouard). En Italie. 16 p. scènes d'enfants coloriées, album couvert en toile, tranche dorée.

428 — Comédies de Molière. 16 p. Scènes d'enfants coloriées. Album couvert en toile, tranche dorée.

429 — Les douze Mois, scènes d'enfants coloriées. Album fers dorés.

430 **Mangin** (Arthur). Les Jardins, histoire et description, gravures sur bois, d'ap. Anastasi, Daubigny, Français, Giacomelli et autres. Superbe vol. petit in-fol. Tours, Mame 1867. Couvert en toile.

431 **Patas.** Sacre et Couronnement de Louis XVI, 1775. Vol. in-4. basane.

432 **Petit** (Victor). Habitations champêtres. 100 p. coloriées, vol. couvert en toile, fers dorés.

433 **Pruche**. Les Ouvriers de Paris. 40 p. vol dem.-rel.

434 **Randon**. La Vie de troupier. Charges à pied et à cheval, cahier de 16 p. coloriées.

435 — Le même cahier de 16 p. coloriées.

436 — La Sagesse des nations. 26 p. coloriées, contenant 101 sujets.

437 — Messieurs nos fils et Mesdemoiselles nos filles. 21 p. coloriées.

438 — M. Verjus. — L'Ecole du cavalier. 2 albums.

439 **Rivière** (Ch.). Londres, Vues, 20 lithog. Album.

440 **Saillet** (A. de). Les Féries industrielles, 16 lithog., par Telory. Coloriées et texte. Album couvert en toile, fers et tranche dorés.

441 **Saint-Aulaire**. Voyage pittoresque à travers le monde, texte français et anglais. — Campagne d'un balainier. 2 vol. Couvertures imprimées.

442 **Saint-Aulaire**. Voyage pittoresque à travers le monde, texte français et anglais, figures coloriées. Vol. couvert en toile, fers dorés, mosaïque

443 — Campagne d'un baleinier autour du monde, texte français et anglais, figures coloriées. Vol. couvert en toile, fers dorés, mosaique.

444 — Zoologie pittoresque, texte français et anglais, fig. coloriées. Vol. couvert en toile, fers dorés.

Fajon 25

Fajon

Fajon

445 **Telory**. Seize Nouvelles et Contes ornés de 12 lithog.

446 — La Joie et le Bonheur des enfants. 100 sujets dans le texte. dem.-rel. chagrin rouge.

447 — Récréation de la jeunesse. — Le Jardin d'acclimatation. 2 albums.

448 — Les bons Exemples, récits nouveaux. 10 lithog. coloriées et texte. Vol. couvert en toile, fers dorés.

449 — La Jeunesse des marionettes, 10 lith. coloriées et texte. Album couvert en toile, fers et tranche dorés.

450 — L'Oncle Gigogne. — Le Robinson suisse. — Les Dimanches de la poupée. 3 Albums sujets coloriés.

451 **Texier** (Edmond). Tableau de Paris, illustré de 1,500 gravures dans le texte, 1852, 2 tomes en un vol. petit in-fol., couvert en toile, fers et tranche dorés.

452 **Thénot**. L'Aquarelle précédé du Dessin au crayon et d'un Traité de lavis, 12 pl. et texte. Album couvert en toile, fers et tranche dorés.

453 **Topfer**. Histoire d'Albert — Histoire de M. Pencil, 2 albums br.

454 **Traviès**. Album. Mœurs commerciales, un scélérat de Neveu, etc. 20 p.

455 — Promenades parisiennes : Barrières de Paris 8 — Robert Macaire et Mayeux 6 — Physionomies de Paris 8 — les Rues de Paris 10. En tout 32 p. vol. dem.-rel. veau bleu.

456 — Scènes de mœurs, 25 p. vol. dem.-rel.

457 **Vernier** (Charles). Être et paraître, album de 20 p.

458 — Au Quartier latin, 30 p. coloriées.

459 — Les Bals de Paris, Souvenirs du Carnaval, 18 p. coloriées, vol. couvert en toile, fers dorés.

460 Étrennes comiques, petit journal pour rire, 1er semestre. Grand nombre de figures dans le texte.

461 Journal amusant, 126 nos. Très-grand nombre de sujets dans le texte.

462 La Semaine des Enfants, 1865, 12e vol. rempli de figures dans le texte, couvert en toile, fers et tranche dorés.

463 Le Globe industriel, agricole et artistique, journal illustré des expositions, 1855, 1re année, fort vol. couvert en toile.

464 Le Tour du Monde, nouveau journal des Voyages, 1re année, 1861 — en deux partie, illustrée par nos plus célèbres artistes (direction de M. E. Charton). Superbe vol. dem.-rel., mar. bleu, plats en toile, tranche dorée.

465 L'Universel, illustration contemporaine, tome I, avril et septembre 1862. Nombre de fig. dans le texte, vol. petit in-fol., couvert en toile, fers et tranche dorés.

466 **Charivari** (journal), années partie de 1834, 1852, 1853, 1855, 1856, 1857, 1858, 1861, 1863, 1864, 1865, fragments de 1866. Sera divisé.

Michel 22

Michel 22

467 Archives des familles, album couvert en toile— Atlas de la Défense nationale, 17 cartes, cahier — Bronzes d'art, 12 p. imp. en bistre.

468 Iconographie française du règne de Charles VII à la fin de Louis XVI. 200 portraits lithog. 2 vol. gr. in-8, dem.-rel.

469 Iconographie des contemporains, 1789 à 1829, 200 portraits lithog. 2 vol. grand in-8, dem.-rel.

470 Célébrités contemporaines, 100 portraits lithog. vol. gr. in-8, dem.-rel.

ESTAMPES ENCADRÉES

471 **Bonheur** (D'ap. Rosa). Moutons, lithog. Encadré.

472 **Brochart**. Jésus et Opulence, 2 cadres.

473 **Chollet**. Les mauvais Conseils, d'ap. Compte-Calix. Encadré.

474 **Chromo-Lithographie**. Bouquets de fleurs. 2 cadres.

475 **Gendron** (D'ap.). Les Willis. Très-grande lithog. Encadrée.

476 **Cornillet**. Condamnation de la princesse Lamballe. Encadrée.

477 **Dreux** (D'ap. de). La Douleur partagée, manière noire, par Martinet. Encadrée.

478 — L'Entrée au bois, coloriée. Encadrée.

479 — Fidélité, manière noire. Encadrée.

480 **Grenier**. Chasse à l'ours, au loup. 2 cadres.

481 **Hillemacher.** La Joie de la maison. Encadrée.

482 **Jazet.** Paradis de Mahomet, d'ap. Schopin. Encadré.

483 — Les Enfants d'Edouard séparés de leur mère, d'ap. Gosse. Très-belle ép. Encadrée.

484 **Laugier.** Pygmalion, d'ap. Girodet, sur chine. Encadré.

485 **Morlon** (Dap.). Guide de l'étranger à Paris, etc. autres coloriés, 6 cadres.

486 **Pastel.** Tête de jeune fille. Encadrée.

487 **Photographies.** Portrait d'Achard du Palais-Royal, en pied, colorié. Encadré.

488 — Jésus au Jardin des Oliviers, Amphitrite et autre. 3 cadres.

489 **Travies** et Adam. Oiseaux en couleurs. 3 cadres.

490 **Vernet** (D'ap. H.). La Messe en Kabylie, par Girardet. Très-belle ép. encadrée.

491 — Joseph vendu par ses frères. Très-belle ép. encadrée.

492 **Vernier** (Charles). La Noce en vélocipède : Départ — Retour. Coloriés. 2 cadres.

493 **Vidal** (D'ap.). Les Filles d'Eve, par Posselwite. 2 cadres.

494 **Winterhalter** (D'ap.). L'Impératrice entourée de ses dames d'honneur. Encadré.

495 **Dessins.** Couronnes, Roi des français, Princes royal, du sang, Duc et Pair, Duc, Marquis, Comte, Baron. 8 aquarelles réhaussées d'or. Superbes.

496 **Dessins.** Les Joueurs de billard, par Desrais, le Jour de barbe, d'ap. C. Vernet, aquarelle, Costume d'Incroyable, aquarelle. 3 p. 10

497 — Armoiries, Écus d'armes, 8 aquarelles rehaussées d'or, dont 3 sous verre. 7.50

fini 498 Sous ce numéro, nombre de Gravures sous verre, Lithographies coloriées, Photographies. Famille impériale, etc. Seront divisés. 4.50

50 meubles 2

25 pièces diverses 4.50 Véz

Mignon et son père 5

5 Cadres 3

2 photographies Masson 5

21 sous verres 4.50

6. 10. 43. 58. 207. 276 — 29p 4

EN PUBLICATION

LES PORTRAITS

DES

ARTISTES DU XVIIIe SIÈCLE

Pour illustrer l'ouvrage de M. de Goncourt

Sont parus :

MOREAU le jeune, dessinateur et graveur.
FRAGONARD (Honoré), peintre et graveur.
COCHIN, dessinateur et graveur.

paraîtront prochainement :

PRUDHON, peintre et graveur.
CHARDIN (J. Siméon), peintre.
GREUZE, peintre.

La suite se continuera :

AVANT LA LETTRE OU LETTRE GRISE

Bistre ou noir sur chine....................	2 fr. 50
Bistre ou noir sur blanc....................	2 »

AVEC LA LETTRE

Bistre ou noir sur chine..................	1 fr. 25
Bistre ou noir sur blanc..................	1 »

Chez VIGNÈRES, rue de la Monnaie, 21, à Paris

Vve RENOU, MAULDE et COCK, impr[s] de la Cie des Commissaires-Priseurs,
rue de Rivoli, 144. 48469

49 Etrangers	4			2209	
380 France à 10	38			1329	50
300 Paris, Banlieue Poste à 10	30			3538	50
110 Lasquien	5				
	77				
7 Mains chemises à 1,50	10 50				
Honoraires 10 %	353 85	441	35		
annonces Soleil et Messager de Paris		35			
Depenses Delbergue Cormont					
100 affiches et afficheur		48	60		
Insertion Moniteur des Ventes		10	80		
Declaration de Vente		2	20		
Timbre du Proces verbal		7	20		
Enregistrement		92	25		
Versement en bourse commune		111	60		
Honoraires Delbergue		111	60		
Clerc et Crieur		24			
Location de la Salle		72	20		
900 Catalogues		287	50		
Transport à l'hotel par les commis		10	..		
Journées de Commis et Gratification		15	10		
Pour Supplement de travail		16			
		1285	40		
Deduire les 5 % des acquereurs		176	95	1108	45
				2430	05

Payé à M. Hautecœur le 11 Janvier 1875.

31,33 %

www.ingramcontent.com/pod-product-compliance
Ingram Content Group UK Ltd.
Pitfield, Milton Keynes, MK11 3LW, UK
UKHW020348180726
13839UKWH00002B/996